... La légèreté de la Plume...

AF135463

50 NUANCES D'AMOUR...

Lydia MONTIGNY

50 NUANCES D'AMOUR…

Mentions légales

© Lydia MONTIGNY 2022

Édition : BoD – Books on Demand, info@bod.fr
Impression : BoD – Books on Demand, In de Tarpen 42, Norderstedt (Allemagne)
Impression à la demande

ISBN : 978-2-3224-3724-5
Dépôt légal : Juin 2022

Livres précédents (BoD)

- Dans le Vent (VII 2017)
- Ecrits en Amont (VIII 2017)
- Jeux de Mots (VIII 2017)
- Etoile de la Passion (VIII 2017)
- As de Cœur (XI 2017)
- Pensées Eparses et Parsemées (XI 2017)
- Le Sablier d'Or (XI 2017)
- Rêveries ou Vérités (I 2018)
- Couleurs de l'Infini (II 2018)
- Exquis Salmigondis (V 2018)
- Lettres Simples de l'être simple (VI 2018)
- A l'encre d'Or sur la Nuit (X 2018)
- A la Mer, à la Vie (XI 2018)
- Le Cœur en filigrane (XII 2018)
- Le Silence des Mots (III 2019)
- La Musique Mot à Mot (IV 2019)
- Les 5 éléments (V 2019)
- Univers et Poésies (VIII 2019)
- Les Petits Mots (X 2019)
- Au Jardin des Couleurs (XI 2019)
- 2020 (XII 2019)
- Nous… Les Autres (X 2020)
- Ombre de soie (III 2020)
- Les Jeux de l'Art (IV 2020)
- Harmonie (VI 2020)
- La source de l'Amour (VIII 2020)
- Au pays des clowns (X 2020)
- 365 (XI 2020)
- L'Amour écrit… (XII 2020)
- Haïkus du Colibri (II 2021)
- Le Bonzaï d'Haïkus (IV 2021)
- Blue Haïku (V 2021)
- Avoir ou ne pas Avoir (VII 2021)
- Haïkus du Soleil (VIII 2021)
- Equinoxe (XI 2021)
- Un jour… Un poème (XII 2021)

Nuancer les gris

En se réveillant dans la nuit

Faire les cinquante pas

LECON DE PIANO

Quelques notes de piano
Dans l'air un peu trop chaud
Perlent au creux de ton dos
Jusqu'à l'écho du repos

Quelques brises sauvages
Dans les fleurs du voilage
Aux parfums doux et volages
Rient dans leurs sillages

Quelques frôlements émus
Apprivoisant l'absolu
S'étonnent de l'amour nu
Sous un ciel inconnu…

REVE..

Je suis ce rêve

Que tu poursuis sans trêve

Et quand la nuit s'achève

L'heure devient ton glaive...

Journée volupté

Enlacer un plaisir fou

Désordre adoré

NE PAS LIRE...

Ne pas lire
C'est déjà le lire,

Ne pas parler
C'est déjà le dire,

Ne pas écrire
C'est aussi l'écrire,

Mais aimer simplement
C'est l'invisible de l'éternité...

Harmonie d'amour

Simplicité d'un toujours

Secret d'existence

CET AIR

J'aimerais être cet air
Qui t'éveille la nuit,
Un parfum suave de fruit
Généreusement muri,
Gourmand dans l'envie
De le mordre enfin
Sans faim, sans fin...

Je t'éveillerais encore
Dans les bruits de l'aurore
Et la lueur de nos corps
Ferait rougir ce soleil d'or...

J'aimerais être cet air
Qui te fait tant sourire
Puis fait chanter ton rire
Comme un champagne joyeux
Au pétillant audacieux...

.../...

…/…

Alors du bout des doigts
Tu frôleras ce pourquoi
Posé sur le drap de soie
Au parfum de l'émoi…

J'aimerais être cet air
T'endormant tendrement,
La chaleur du parfum
Sage et calme qui t'étreint…

Poser jute un doigt

Sur la corde sensible

Sage harpiste

COULEUR AMOUR

L'Amour n'est pas bleu
Mais dense, mélodieux
Dans le turquoise radieux
De tes mots silencieux

L'Amour n'est pas vert
C'est l'endroit et l'envers,
La folie et son contraire,
Le mouvement de la mer

L'Amour n'est pas rouge
Sur la bouche qui bouge
Tant de langages s'y prononçant
Susurrant passionnément

.../...

…/…

L'Amour n'est pas blanc,
Mais délicat, bouleversant,
Imaginant dans tes yeux
La forme de ce nous deux

L'Amour a la couleur
De ce vertigineux bonheur,
De nos vies qui respirent
A travers nos soupirs…

Force du regard

Dentelle du silence

Sourire toujours

T'OFFRIR...

J'ai cherché
Entre les heures de la nuit
Un semblant de vie,
Une lueur de bonheur
S'échappant de mon cœur

J'ai découvert
Sur l'île de tes mots
Mes espoirs, mes sanglots,
Ton sourire dans mes mains
Ton regard dans le mien

J'ai ramassé
Quelques morceaux de bois
Quelques éclats d'émoi
Et un reste de rire
Que je voudrais t'offrir

.../...

…/…

J'ai laissé
Dériver les soupirs
Sans rives, sans m'assoupir,
Pour croire en cet amour
Renaissant plus fort chaque jour…

Prendre tout le temps

D'écrire doucement

L'éphémère instant

LA SOLITUDE

C'est la face cachée d'un dé,
Si proche des autres,
Si seule en son nombre,
Muette dans son ombre

Ce dé que l'on jette
Que l'on reprend et rejette,
Cette face que l'on cherche
Tourne, retourne et cache

Ce coté qui se tait
Au fond de la pensée…
Quelle est la face cachée d'un dé ?
Devine… A toi de jouer !...

Traverser le temps

Dans l'espace de tes bras

L'amour palpite

ECRIRE UN SEUL VERS

Ecrire un vers
Un seul vers
Rimant avec Amour,
Harmonie d'un Toujours
Naissant avec le jour.
Il viendra réveiller
La douceur du péché,
L'interdit effronté
Venant lécher tes pieds.
Il te tiendra les mains
Liées depuis demain
Par un hier jaloux
De cet amour trop fou.

…/…

…/…

Ecrire l'unique vers
Uni par l'univers
A mes mots te frôlant
De tendres sentiments.
Il murmure et dévore
Ce délice qu'il honore,
Suggère la lenteur
D'une subtile chaleur.
Le relief de ces lettres
Doucement viendra naître
Sur ton dos adoré
Tatoué de baisers.

Ecrire un vers
Un seul vers
Pour te parler de nous
D'un Rien plus grand que Tout
Ecrire des mots émus
Délicatement nus,
                                      …/…

…/…

Te laisser lire encore
Ces mots venus éclore,
Et deviner enfin
La rime d'un jour sans fin…

Le charme suggère

Le fantasme s'égare

L'Amour goute à goutte

Conjugaison du verbe AIMER

Je te regarde

Tu me souris

Il est midi

Nous nous enlaçons

Vous vous éclipsez

Midnight in love

Simple élégance

Poser les yeux sur ton ombre

Soleil au zénith

EN LACET

Délace mon lacet
Pour m'enlacer
Chaloupé enlacé,
Délice dédicacé
Pour se déglacer
Sans nous délaisser

Face au glissé
De ce corset
Des lys et lilas violets
Sont emmêlés
Enlacés serrés
A la croisée
De ces volets
Et du violoncelle ailé

.../...

…/…

Délace ce corset
Bien trop serré
Entrelacé
Et pour se délasser
Sans se lasser
Rêvasser,
Oser
Laissons glisser
Tous les lacets…

Pensées dessinées

Dans le livre des silences

Ta respiration

BRULANTE ABSENCE

Il fait si chaud
L'air est trop lourd…
Dans la nuit de velours
Un vieux vinyle de slows
Tourne mollement
En traînant les pieds.
Dans tes yeux mouillés
Ton rêve est mouvant, émouvant…

Ton âme chagrine
Coule et se mêle
Aux gouttes salines
Jadis rebelles.
L'absence te brûle,
Te harcèle et tu hurles
La fièvre de son corps,
Mais son vide te dévore.

…/…

…/…

Aimer encore,
Sa peau comme un trésor,
Désirer sans fin,
Exalter le destin…
Le soleil se lève
Ton rêve ne s'achève…

Le Temps

N'a plus d'heure

Que celle du

Cœur...

J'AIME LA PAGE VIDE

J'aime la page vide
Où mes pensées candides
Viennent s'évanouir
Et te faire tressaillir

Les lettres minuscules
Audacieuses, tintinnabulent
Pour devenir majuscules
S'arrondissant comme des bulles

J'aime écrire en marge
L'amour rouge en rage,
Et le désir qui enrage
De ne plus rester sage

       …/…

…/…

Le point d'exclamation
Tait l'interrogation
Et nos corps s'apostrophent
Dans une douce anastrophe

J'aime ton visage
Rougissant sur cette page
En lisant l'encre bleue
De mon cœur amoureux

Inutile de gommer
Mes phantasmes effleurés
Il te suffit de poser
Sur cette page … un baiser…

Bouche mutine

Contempler en silence

Les mots interdits

Poser ma tête contre toi
Dans l'absence d'un pourquoi,
L'élan d'un silence câlin,
Le réconfort de ton parfum…

Fermer les yeux en se laissant
Caresser par le vent
Dans la lueur du matin blanc
Délicatement …

Te mordre, te serrer
Dans une étreinte embrasée,
Et laisser l'empreinte mouillée
D'un baiser sur toi… mon oreiller…

Laisse-moi poser
mon doigt
sur ta bouche

Pour dire au silence
de garder le secret

Que mon cœur
t'a confié

Frôler le désir

Caresser la volupté

Légèreté de la plume

J'AI AIME TE REVER...

J'ai cru
Que le jour ne viendrait plus
Et mon cœur se serait tu
Quand ton regard m'a ému

J'ai espéré
Que tes mains parcourraient
Les courbes adorées
De ma peau nue et dorée

J'ai imaginé
Les longues vagues enroulées
Dans le drap des secrets
Et leurs douceurs volées

.../...

…/…

J'ai rêvé
Que ton corps m'apprivoisait
Par un baiser lent et sucré
Délicieux de volupté…

J'ai aimé
Croire et espérer
M'égarer et t'imaginer…
C'est de toi que j'ai rêvé…

Etre le présent

Eternité de l'instant

Les yeux dans les yeux

FRISSON DE VIE

Mes mains dans tes mains
Effleurent le matin
Dans la pâleur du satin...
La douceur nous retient...

Tes yeux dans mes yeux
Se ferment dans nos jeux
Sous nos gestes silencieux
Aveuglement fiévreux

Ton corps et mon corps
S'enlacent sans effort
Et nos souffles plus forts
Exhalent un encore

.../...

…/…

Laissons frissonner la vie
Dans ses délices assouvis
Et au fond de nos yeux ravis
Brillera la flamme d'un oui…

Entendre les mots

A travers les silences

Sourire encore

LOUP

Dans les lumières tamisées
Brillent les strass du bal masqué
Une musique sur du velours,
Elle danse, légère, sur le parquet...
Si la valse l'étourdie toujours
Le menuet demeure parfait...
Dans ses yeux bronze et or
Tu te noies sans effort,
Son sourire est si doux
Que tu oublies son loup...
D'une subtile révérence
Elle te charme, tendre agonie...
De dentelle et de silence,
Tu imagines cette nuit...
Tu tiens sa main gantée
Où elle vient de glisser,
Amusée et masquée,
Une clef enrubannée...
Valse, ris, étourdis-la,
Mais son loup ne l'ôteras !...

Caresse du vent

Frisson sur un corps à corps

L'air immobile

Conjugaison du verbe

PLAISIR

Je lassivesquive

Tu émumurmures

Elle légerésiste

Nous longfrissonnons

Vous instantvolez

Ils délicelissent

EXQUIS INFINI

Je t'attends dans la nuit,
Dans ce temps qui nous oublie
Lissant le reflet ébahi
D'un miroir muet et transi...

Je t'attends sous la pluie,
Dans le froid je souris
Et cette goutte que j'essuie
Est une perle de Paradis

Je t'attends sans un bruit
Dans l'exquis infini
De cet amour où je me blottis
En succombant à ton insomnie...

Dompter le désir

Sur une bouche impatiente

Douce morsure

COMME LE VENT…

Le vent s'est levé
Un soir d'hier
Comme un loup solitaire
Sage et lunaire

Le temps s'est fixé
Sur l'horloge de papier,
Les aiguilles ont cloué
Ton rêve inachevé

Le vent est tombé
A l'aube d'un lendemain
Et mes mains ont prié
Pour que tu sois là enfin

…/…

…/…

Mon corps s'est figé
Immobile et glacé
Sur l'émail bleu acier
De ce ciel oublié

Le vent s'en est allé
Soulevant dans l'allée
Les pétales de l'été
De sa robe chiffonnée

Chercher la couleur

De la page du bonheur

Trouver ton rire

LAISSONS-NOUS

Laissons se cacher
Les rayons dorés
Du soleil indiscret
Derrière les volets

Laissons s'apprivoiser
Nos regards effarouchés
Et nos mots trébuchés
Sur nos bouches affamées

Laissons glisser
Nos mains vers le secret
Des chemins de volupté
Sans leurs résister

.../...

…/…

Laissons s'effleurer
Nos peaux satinées,
Nos corps enlacés
Fiévreusement agités

Laissons se toucher
Nos muscles noués
Frissonnant de sensibilité,
Nus et salés

Laissons caresser
L'ultime instant volé
Par le plaisir murmuré,
Radieux, essoufflé

…/…

…/…

Laissons papillonner
Les mots éparpillés
Sur ce drap de papier...
Laissons-nous nous aimer...

Essuyer un rêve

Se draper de volupté

Soierie de sommeil

SOUFFLE...

Le vent souffle ici
Respirant la mer
Et le sel de ce bleu,
Gouttant la lumière
Et le ciel de tes yeux

Le vent souffle là
Sur les neiges éternelles
Où givre l'arc en ciel,
Quand mon corps étincelle
Sur ton rire au soleil

Le vent souffle toujours
Dans une langue extraordinaire...
Mais qui comprend encore
La force de son air
Dans la douceur du jour ?

       .../...

…/…

Le vent souffle léger
Sur nos corps salés,
Murmurant le secret
Des mots nus enlacés,
Suggérés, essoufflés…

Un parfum sucré

Un corps au galbe épicé

Vanille des îles

NUIT BLANCHE

Le temps s'ennuie
S'étirant dans un ultime effort,
Dans l'immobile nuit
Que ta prière décore.

Il se prélasse au fond
Du gouffre de la raison,
Faignant le sommeil
Pour culpabiliser ton réveil

Le temps inscrit
Sur ce ciel de lit
Les gammes sensorielles
D'un poème sensuel.

.../...

.../...

Les draps déshabillent
Ce corps qui vacille
En émouvants mouvements,
Volutes du temps lent.

Le temps s'agite et crie
Délirant d'euphorie,
Pour se taire dans le matin
Libre et cristallin.

Au cœur de la nuit blanche
L'Amour prend sa revanche
Et les mots que tu lis
Sont ceux écrits... une nuit...

Audace langoureuse

Hamac ondulant au vent

Doux effeuillage

POSE TON REGARD

Pose ton regard
Sur le relief sauvage
De mon corps trop sage
Marchant vers toi,
Elégant et droit.

Pose ton regard
Sur le bout de mes pieds
Pointant le ciel étoilé,
Puis sur le creux du genou
Halé et si doux

Pose ton regard
Sur le rond de mes reins
Frissonnant soudain,
Et remonte dans mon dos
Aux muscles souples et chauds

.../...

…/…

Pose ton regard
Sur mon ventre lisse
Où la candeur glisse,
Suave calice
D'un indomptable caprice.

Pose ton regard
Dans mon cou, en secret
Viens y poser un baiser…
Pose tes yeux dans mon regard
L'amour sera son hasard

Soleil en cascade

Se déversant sur ton corps

Vague de chaleur

... RESTER LA...

Rester assise là
A regarder la nuit
Sans étoiles

Rester immobile
A écouter la mer
Sans vagues

Rester allongée
Au milieu de nulle part
Sans personne

Rester à imaginer
Des mots abstraits
Sans lettres

Rester à croire
A l'impossible Vie
Sans toi...

SIMPLICITE DU BONHEUR

Un instant de bonheur

C'est une seconde sans heurt

Un jour sans heure

Une vie de douceurs en douces heures...

SOIS CES MOTS

Soit ce langoureux regard
Qui se laisse tomber
Sur la courbe du hasard
De mon corps allongé

Soit cette main qui s'égare
Dans le creux brûlant
Du secret de ce soir,
Au reflet imprudent

Soit cette fièvre rare,
Ce souffle gonflé
Sous la caresse qui s'empare
De ce désir défié

.../...

…/…

Sois ces mots mystérieux
Glissant dans mes cheveux,
Ces mots lumineux
De ton corps amoureux…

Le jeu du soleil

Tatouant ton nom sur ma peau

Sans dessous dessous

ETERNELLE BEAUTE

La beauté est cette sagesse
Ne s'offrant plus à hier
Et pas encore à demain...

La beauté est cette caresse,
Merveilleusement éphémère
Mais éternelle sous tes mains...

Je devine
La caresse de tes mots
Embrassant ma peau
De mon cou si chaud
A ce creux, en bas du dos.

Je devine
Ton regard brûlant
Le parchemin de mon âme
Et ton souffle vagabondant
Sous les dentelles du charme.

Je devine
L'ombre douce de ta faim,
La gourmandise de tes mains,
Tout le sacré de cet instant
Dans le calme du matin

      .../

…/…

Je devine
Tout ce qui n'est pas encore,
Cet imaginaire trésor
Suggérant l'essence sensuelle
De ce poème irréel

Ordre du hasard

Harmonie de ce chaos

Rencontrer ta vie

SERAIS-JE...

Serais-je cette fleur
Que tu poses sur ton cœur
Puis que délicatement,
Tu glisses entre tes dents ?

Serais-je ce fruit fou
Dont le jus coule, si doux
De mes lèvres gourmandes,
Souriante offrande ?

Serais-je ce champagne blond,
Léger, rieur et rond,
Dansant sur le souvenir
D'un vinyle du désir ?

.../...

…/…

Serais-je ce fantasme,
Ces mots nus dans l'espace
Cet émoi qui t'enlace….
Tu m'imagines et m'embrasses…

Musique en couleur

Le filigrane du cœur

Se fêle sensible

CHANSON LENTE DE L'AMOUR

Ecoute la chanson

De l'amour qui coule

Roucoule

Au printemps de la vie

De l'envie

Il chante le plaisir

Le désir

Le délice de lire

De sourire

Et rire

                              .../...

.../...

Ecoute la chanson

Que pianotent tes doigts

Sur la soie

C'est un jeu hasardeux

Jeu de hasard à deux

La mélodie nous délasse

Nous lace

Et nos gestes retenus

Sont tus, tenus

Nus

.../...

…/…

Alors nos corps se serrent

Se resserrent

Se desserrent, errent

S'étreignant encore

Plus fort

Ecoute la chanson

Des courbes de l'amour

Toujours

Une aria langoureuse

Lente et heureuse,

Ecoute son murmure

Intense et pur….

Amour et amour

Infini éphémère

Je t'aime et je t'aime